Disney

MES PREMIÈRES HISTOIRES

SIMBA

AIME LES FORMES ET LES COULEURS

Simba se promène dans la savane. Au point d'eau, il se joint à un jeune hippopotame, un petit zèbre, une girafe et une antilope.

Associe deux par deux les poissons colorés dans la mare. Lequel est tout seul ?

– Et si nous faisions un concours ? leur propose-t-il. Voyons qui fait la plus grosse bombe, je suis sûr que ce sera moi !
Les uns après les autres, les animaux sautent.
– C'est trop facile, rigole l'hippopotame en éclaboussant tout le monde autour de lui. C'est moi qui gagne !

Regarde les nénuphars et entoure celui qui a une forme différente.

La bande de copains sort de l'eau ! Vite, ils font la course.
Mais Simba est à la traîne et se perd. Comment va-t-il les retrouver ?

Quel chemin doit-il prendre ? Entoure le bon numéro.

Recopie les lettres des feuilles dans le bon rond, et trouve le mot caché.

Simba marche et trouve alors son papa. C'est le roi de la savane, tout le monde le respecte.

– Moi, je t'aime car tu joues avec moi et tu me laisses gagner ! lui dit Simba.

Alors que père et fils se chamaillent sous le regard amusé des autres animaux, les terribles hyènes font leur apparition…
Aussitôt, Mufasa les poursuit !

Retrouve l'ombre qui correspond à cette hyène.
Écris le numéro associé à la bonne forme !

Heureusement, pendant que Mufasa s'occupe de faire régner l'ordre, Simba peut compter sur ses meilleurs amis pour lui tenir compagnie. Timon et Pumbaa à la rescousse !

– Viens, Simba, partons à la chasse aux insectes !

Aide les trois gourmands à rejoindre leur goûter, en suivant le code !

Code : 

En chemin, les trois copains croisent Nala.
La petite lionne est ravie de les retrouver
pour jouer avec eux.

Observe bien cette image et entoure les sept différences sur celle du bas.

Le soleil va bientôt se coucher. Il est temps de rentrer.

– Alors ? demande Timon à Simba. Tu t'es bien amusé ?

– Oh oui ! C'était super, répond le lionceau.

Sers-toi du code pour écrire le prénom de chaque personnage.

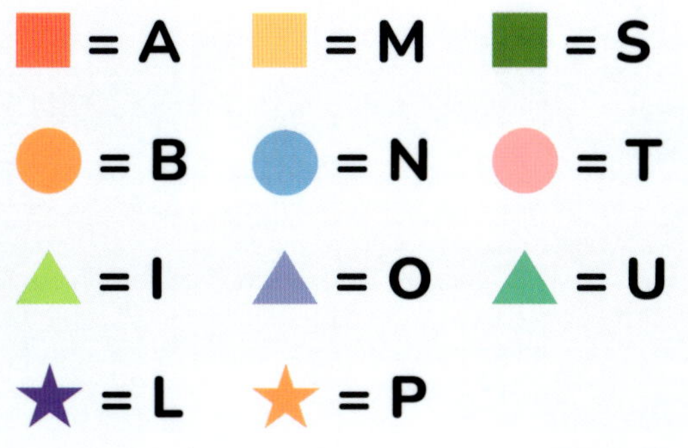

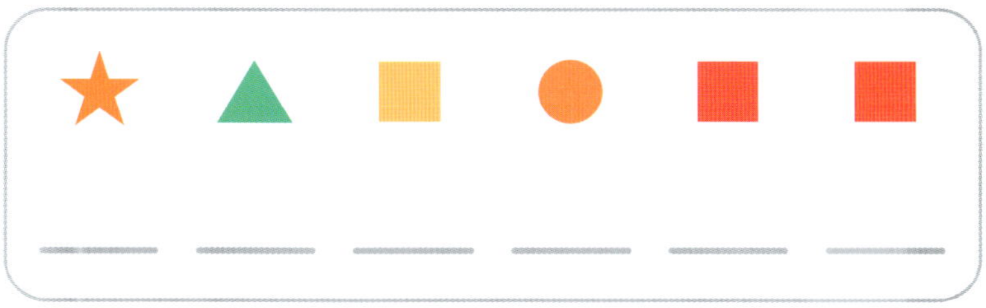

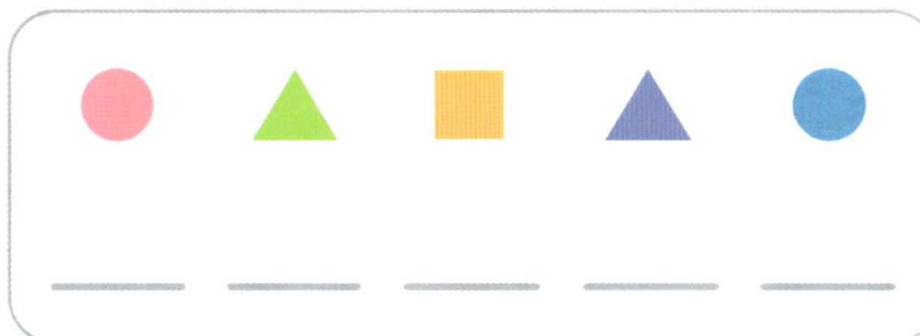

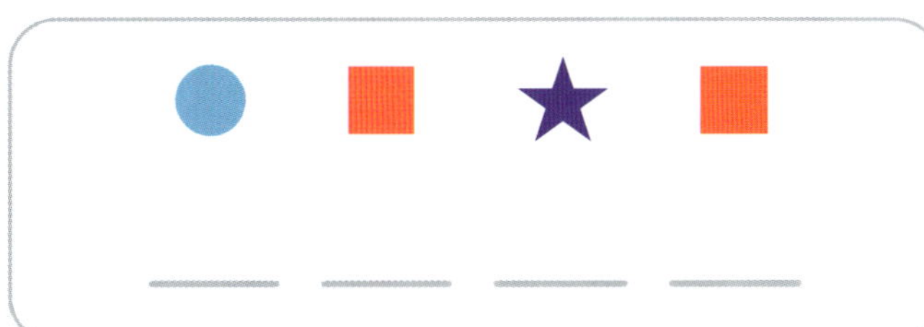

Le soleil se couche sur la savane. Les amis avancent doucement vers le Rocher du Lion.
Rafiki et Zazu les saluent.

Aide le lionceau à trouver le chemin de la maison.

Parmi tous ces animaux, compte ceux qui sont jaunes, et inscris ta réponse dans le rond.

Qu'il est bon de câliner papa et maman avant d'aller se coucher !

Ainsi s'achève cette belle journée ! Avant de dormir, le petit lionceau admire le ciel avec Mufasa.

– Je t’aime mon papa roi !

– Moi aussi, jusqu’à la lune et les étoiles.

Quelle est l'étoile qui est différente dans le ciel ?
Et laquelle a une couleur unique ?

Direction générale : Catherine Saunier-Talec
Directeur opérationnel : Timothée Le Mière
Directrice de projet, texte et suivi : Adélaïde Lebuy
Directrice artistique : Mélissande Mestas
Fabrication : Marine Wiplier
Mise en page : Studio Twist
Droits internationaux : jyip@hachette-livre.fr
Ventes directes et partenariats : dlichiardopol@hachette-livre.fr

Édité par Hachette Livre – 58, rue Jean-Bleuzen – 92178 Vanves Cedex
Imprimé par Macrolibros en Espagne – Achevé d'imprimer : mars 2025
ISBN : 978-2-01-730311-4 / 01 – Dépôt légal : mars 2025

Loi n°49-956 du 16 juillet 1949 sur les publications destinées à la jeunesse.
Pour tout renseignement concernant nos parutions, nous contacter par e-mail : disney@hachette-livre.fr